Eiram Esiul nov Gnizloh

Christoph Meckel
Wohl denen die gelebt

Erinnerung an
Marie Luise Kaschnitz

Mit Graphiken des Autors

Libelle

Vater Feuerwerker

Zucker und Honig in Deinen Brei
Die Erde Dein Gärtchen Levkoi und Salbei
Deine Wangen Milch Deine Lippen Blut
Frag nicht, was Dein Vater tut
Nachts wenn Du schläfst.

Er rührt im Tiegel
Hinter Schloss und Riegel
aus Pulver und Blei
Einen anderen Brei.

Er sät im Dorn
Ein anderes Korn
Das wühlt und bebt
und schießt gen Himmel in Garben.

Wohl denen die gelebt
Ehe sie starben.

Die Schlusszeilen des Gedichts – *Wohl denen die gelebt / ehe sie starben* – haben eigenen Ruhm. Ich glaubte, die Zeilen gesehen und gelesen zu haben, in Stein geschlagen auf der eng ummauerten, ungewöhnlich finsteren Familien-Grabstät-

te im Friedhof zu Bollschweil. Aber dort fand ich sie nicht wieder. Sie sind Inschrift des Brunnens im Schlosshof. Marie Luise Kaschnitz hat diese Verse, die zu ihren leichtesten, schönsten gehören, in keines ihrer Bücher aufgenommen. Misstraute sie der eigenen, nicht immer möglichen *facilité*? Passten diese Reime nicht mehr in Zusammenhänge, die sie später entwarf und beglaubigte? Das Gedicht wurde im Atomzeitalter geschrieben, Atombombe ist ihr Motiv. Erschien es ihr zu leicht, zu leichtsinnig vor diesem hoffnungslosen Hintergrund, frivol, unpassend, unzureichendes Spiel? Zu leichthin märchenhaft in alter, vielleicht überlebter Manier?
Es scheint keine Antwort zu geben. Woher sollte sie kommen. Für mein Wahrnehmen ihrer Sprache braucht es keine. Die Verse sind wahr auf nur einmal mögliche Weise. Ein zweites, drittes, fünftes Gedicht dieser Art wäre vielleicht unzumutbar oder, wie Rimbaud schrieb, *Spie-*

lerei und Verblödung. Dieses Gedicht ist einzig, ein Zauber, gewichtlos erscheinender Monolith.

Um ihr eine Freude zu machen, schrieb ich die Verse auf ein DIN-A4-Format und übermalte sie, ein Gedichtbild. Sie schien sich zu freuen, als ich ihr das Papier mitbrachte, aber ich sah es nie wieder, sie sprach nie wieder davon.

Nebel und Raureif im Dezember. Lautloser Tagbeginn auf dem Land. Die badischen Obstgärten hochzeitlich weiß, kristallweiße Weinberge des südlichen Schwarzwalds und das Dorf Sankt Ulrich lichtlos hell verschollen.
An einem solchen Tag besuchte ich Marie Luise Kaschnitz in Bollschweil.
Autofahrt durch den Nebel, die schlohweißen Bäume.
Am Morgen dieses Tages war in den Radionachrichten gesagt worden, dass der Schriftsteller Günter Eich in Salzburg gestorben sei (»bekannt geworden durch seine Verdienste um die Hörspieltechnik«). Ruhig und schön war das Teetrinken in der Schlosswohnung der großen alten Dame, während das Raureif-Glänzen draußen erlosch. Ich kannte die Dame aus mehreren Sommern, in der Zwischenzeit war sie fast zur Greisin geworden. Sie saß schief im Sofa, mit fahler Gesichtshaut, und lächelte unbestimmt. Ihre Mundwinkel waren müde, aber die

Augen waren klar und belebten sich im Gespräch. Neugier und Interesse machten sie jung. Sie sagte: Es könnte alles etwas frivoler sein, finden Sie nicht? Erzählen Sie doch, was Sie inzwischen gemacht haben. Einen Roman geschrieben? Sie schreiben ihn noch? Erzählen Sie. Haben Sie neue Gedichte mitgebracht? Dann saß sie lautlos da und hörte zu. Später fragte ich, ob sie wisse, dass Günter Eich gestorben sei. Sie hatte noch nichts davon gehört. So? sagte sie ohne Ausdruck, und nach einer Weile: Er war wohl sehr krank.

Mehr sagte sie nicht. Momentlang war ich enttäuscht.

Man hätte sich jetzt an ihn erinnern, man hätte erzählen und bezeugen können. Aber das war nicht der Fall. Der Gestorbene wurde nicht wieder erwähnt, das Gespräch ging weiter.

Am Abend begleitete ich sie durch den im Dunkeln noch glänzenden Raureif die Straße hinunter zum Ortsausgang. Dort stand das aufgegebene Gasthaus zum Schwanen. Sie ging leicht eingehängt neben mir auf der leeren Straße und sagte: Holen Sie mich doch einfach ab, wenn Sie wieder in der Gegend sind. Könnten Sie mich nicht zu einem Spaziergang abholen? Ich komme so selten aus dem Haus. In Sankt Ulrich bin ich seit Monaten nicht mehr gewesen.

Wir gingen durch den unbeleuchteten Hof des Schwanen, schwarze Stallwände und zertretener Schnee. Sie kannte dort eine Tür und tastete im Dunkeln nach der Klingel. Nach zwei Minuten erschien eine junge Frau und ließ uns ein. Die Gasträume waren eisig und dunkel und rochen sauer nach nichts. Wir kletterten die Treppe hinauf (die Dame war mehrmals an den Hüftgelenken operiert worden). Oben gab es bewohnte Zimmer, die Werkstatt von Spielzeugmachern, junge Leute. Es wurden Puppen und Tiere hergestellt, Hampelmänner, vor allem Karusselle, kostbar, bunt und raffiniert; sie be-

wegten sich nach einem Geklimper, das hier von einem freundlichen, dicken Amerikaner komponiert wurde. Stoffreste, Holzteile, Scheren und alte Musik. Auf dem Tisch ein Buch: Erzähler der Romantik. Die Nachbarin Kaschnitz war hier schon bekannt. Wir blieben eine Stunde in der überheizten Werkstatt, die Dame bestellte einen Hampelmann. Sagen Sie, welcher Ihnen am besten gefällt! Ich suchte den einfachsten Hampelmann aus, einen kernigen Antigracioso mit viel Zinnober. Genau denselben möchte ich haben. Dann saß sie schief auf einer Couch und trank ein Glas Wein. Nebensächliches schien ihr Freude zu machen.
Sie sagte: Sagen Sie, wann Sie gehen wollen.
Von den Möglichkeiten des Sprechens und Sagens habe ich vor allem das Nicht-Gesagte behalten, also ein Schweigen, sofern dieses Wort nicht eine Verfälschung darstellt. Nichtgesagtes. Antwortlosigkeit. Das umständliche Anzünden einer Ziga-

rette nach der Frage: auf welche Weise der Sommer vergangen sei. Von allen möglichen Sätzen ist der nicht gesagte Satz der gefährlichste. Ich weiß, was die Dame nicht gesagt hat. Sprache, gesagt, geflüstert oder geschrien, Wörter und Sätze, wortreiche Selbstbehauptung, verbaler Ausdruckstanz, Sprechblase und Lautverstärker, Smalltalk, Statement und Interview, Diskussion und Gespräch, enormer Aufwand an Persönlichkeitsgeräuschen – alles, um das Wirkliche nicht zu sagen. Ungeheure Stille hinter den Sätzen. Die einzige Chance: nicht darüber zu sprechen. Vielleicht der letzte mögliche Versuch, die gähnende Kröte in den Boden zu drücken.
Es scheint der unwiderrufliche Punkt zu kommen, wo etwas gesagt zu haben bedeutet, gleichermaßen zu viel und zu wenig gesagt, mit Sagen und Schreiben, Mund oder Papier, irgendetwas falsch gemacht zu haben. Wo der Sprache, gesprochen oder geschrieben, keine Bedeutung

mehr zukommt, das Gewicht von Wörtern lästig und jede weitere Äußerung überflüssig oder widerwärtig wird. Wo ein Lachen beim Teetrinken überzeugender ist als sämtliche Stellungnahmen zur Weltgeschichte und ein Spaziergang im Schnee, eine Stunde Schlaf mehr bedeuten als Wortgewalt, Bekenntnis, Argumentation.

Alles Nicht-Gesagte meiner Freunde und Toten. Alles Nicht-Gesagte zusammengenommen. Ich brachte die Dame zum Abendessen zurück ins Schloss. Dort wurde wieder alles Mögliche gesprochen, es wurde Wein getrunken und wurde gelacht. Alles Mögliche gut und schön und ihre Bemerkung beim Anzünden einer Kerze: Sind denn keine Streichhölzer im Haus? Mit einem Feuerzeug ist mir das nie gelungen. Sind denn keine Streichhölzer im Haus? Mit einem Feuerzeug ist mir das nie gelungen.

oder den Weg rechts am Leimbachtal hinauf, ein Hund war da einmal frei hinter einem Gitter, der bellte nicht, setzte nur zum Sprung an, weiß und riesig, sprang über den hohen Zaun dem Vorüberwandernden auf die Brust. Weg zur kleinen, immer leeren, immer mit Blumen geschmückten Kapelle und weiter zum Köpfle und links immer das schmale Tal mit seinen alten, einsamen Schwarzwaldhöfen eine halbe Stunde vom Dorf entfernt, aber in Wirklichkeit weiter, ein halbes Jahrhundert weit

Zeilen aus der *Beschreibung eines Dorfs*. In einem der alten, nicht mehr einsamen Schwarzwaldhöfe im Leimbachtal, wohne und lebe ich eine Weile, auf das Wort genau. Zeit und Gelegenheit, Marie Luise Kaschnitz zu grüßen. Erscheinungen des Tals, des Mischwaldes und der Höfe, der Holzstöße, Nussbäume, Pferde und Ziegen sind weiter vorhanden und erscheinen ungefähr alt. Das Altsein täuscht. In den Berghängen stecken Autowracks und verbrauchte Traktoren. Als ich hier einzog, feierten Schützenvereine in den Wäldern, endlose Salven in der Sommernacht. Ein Landwirt hatte sein Grundstück zur Verfügung gestellt und dafür kassiert. Musik, trivialer Evergreen, beschallt das Tal mit Gewitterlautstärke. Traktoren, Motorräder, Müllfuhrwerke vernichten die früher vielleicht vorhandene Stille. Hämmernde, bohrende, wummernde Sanierungen der Höfe und Ausbau neuer Ferienhäuser. Taglanges, nachtlanges Höllgeheul überreizter Hunde. Neubauviertel werden ins Land gesetzt, Wohnbaracken, kurzlebige Bauklötze in baumlosen Arealen. Jaulen von Motorsägen, Schlag und Donner aufschlagender Stämme, das ist die Begleitmusik der Oktober- und Wintertage. Illegales Holzschlagen im Gemeindewald, der hier Lebende bedient sich. Die Wälder sind Ruinen voll Bruchholz und Baumschutt, als sei ein Krieg hinein- und durchgefahren. Die Baumtrümmer werden nicht fortgeräumt, liegen herum, zerfallen, verfaulen am Berghang.

Ein paar Jahre nach dem Tod ihres Mannes, Guido Kaschnitz von Weinberg, lernte ich sie kennen, der erste Besuch bei ihr war beinahe ein Zufall. Ich fuhr im alten VW von Basel nach Freiburg, erreichte Bollschweil, erkannte wieder das Schloss an der Straße, ließ ohne zu überlegen das Auto stehn und geriet auf der Einfahrt in den Hof, unangemeldet, Ankunft eines Fremden. Aber ich wusste, sie kannte Gedichte von mir, und hatte mir einmal einen Brief geschrieben.

Gleißender, warmer Sommertag, die hohen Bäume standen auf ihren Schatten. Teezeit am Nachmittag, ich hatte Glück. Die Dame saß am Gartentisch, lesend und schreibend, es lagen Papiere, Zeitungen, Stifte vor ihr. Andere Personen kamen und gingen, saßen vielleicht eine Weile am Tisch, aber ich sah sie danach nicht mehr. In meiner Erinnerung war Marie Luise Kaschnitz allein.

Was gesagt, gefragt, geantwortet wurde, ist mir entfallen. Gern behielt ich im Ge-

dächtnis, dass dieser Mensch nicht abschätzend zu mir hinsah, kein Besserwissen ertönen ließ, keinen Hochmut zeigte. Ich fühlte mich gut und leicht in ihrer Gesellschaft, dafür dankte ich, als ich ging (im Moment, als die Dämmerung aus den Bäumen kroch). Sie sprach mich mit dem Vornamen an und sagte: Kommen Sie wieder, Sie sind jederzeit willkommen; wenn es möglich ist, rufen Sie vorher an, aber es ist auch schön, wenn Sie wie heute am Nachmittag kommen, dann trinkt man hier Tee.
Irgendetwas an mir schien sie amüsiert zu haben. Ihre Großherzigkeit wurde für mich zu dauernder Gewissheit. Ich kam immer wieder nach Bollschweil, Frankfurt, Rom. Immer willkommen.

Ihre Integrität war selbstverständlich, unangreifbar bis zuletzt. Wer heute so unbedingt wie sie am *aufrechten Gang* festhält, kommt in den Verdacht, ein Gutmensch zu sein.

1948, auf einem Schriftstellertreffen in Royaumont:

An einem Vormittag schon gegen Mittag bahnt sich ein Diener den Weg durch die Reihen und bleibt vor mir stehen, der junge Mann, der mich draußen sprechen will, ist Paul Celan, ein schmächtiger Jüngling aus Czernowitz, ein Emigrant. Wir gehen zusammen durch den rotgoldenen Park und setzen uns auf eine Bank, und Celan liest mir mit eintöniger, noch völlig ungeübter Stimme seine Todesfuge vor.

Das bedeutet etwas. Mehr noch bedeutet und spricht für sie, dass sie zwölf Jahre später die Laudatio auf Paul Celan, den Büchnerpreisträger hielt.

Wir waren tot und konnten atmen, *heißt es einmal, und dieses Sterben und wieder Atmen vollziehen wir mit ihm, der sein Leben der Sprache abgewonnen hat und der heute hier als der Gebende steht.*

Vor ihren frühen Büchern las ich, was sie nach dem Tod ihres Mannes schrieb, in der Auskehr alles bisher Beglaubigten, In-Anspruch-Genommenen, unvergängliche Werte, als der Bruch mit Konvention aller Art vollzogen wurde, ihre Sprache entschlackt, geklärt, gehärtet, ihr dichterisches Selbstbild nicht länger schön war. Die Muse ihrer Herkunft und Jugend hatte sich in Sicherheit gebracht, riskierte keinen Besuch bei ihr. Der Dämon war für sie kein Vis-à-vis: Wo der Dämon aufstampft, tanzt keiner mehr. Aber der Engel.
Er verträgt viel Stachel und Gift, Geheul und Klage, Bettelfutter für angetötete Seele, verrutschte Ober- und Untertöne, Augen voll Finsterwasser. Mit dem Engel hat man die Kaschnitz gesehen, auf Promenade im Kohlerwald, schwerfüßig beide. Man nahm die zerrissenen Schuhe wahr.

Einen Brunnen gegraben
Mich selbst
Ans Drehkreuz gespannt

Da geh ich geh ich rundum
Schöpfe mein brackiges Lebenswasser
Schreie den Eselsschrei
Hinauf zu den Sternen.

Es kommt vor: Einer, der in der Weltstadt einen Buchladen sucht, findet keinen Buchladen, entdeckt aber 20 Wiener Konditoreien. So fand ich in ihrer Prosa nicht das Motiv, das ich suchte, aber unzählige Sätze, Szenen, Miniaturen, die den Kindern, der Kindheit, der eigenen oft, in bezaubernder Weise Sprache geben. Ich entdeckte eine Geschwisterfrau der *Kinder dieser Welt.*

Sie gingen eins hierhin, eins dorthin
Die kleinen Fäuste geballt
Und wir hörten sie noch von ferne
Trotzig singen im Wald.

In Johann Peter Hebels Weltgedicht *Die Vergänglichkeit (Gespräch auf der Straße nach Basel zwischen Steinen und Brombach, in der Nacht)* erzählt der Vater dem Sohn, er ist zwölf oder dreizehn Jahre alt, vom Untergang der Welt und des Oberlandes. Das Gedicht wurde um 1800 geschrieben. In ihm hat Hebel den Untergang auf das Jahr 2000 datiert.

Der Vater – der Ätti – beschwört den Untergang hart und genau, so unmittelbar, aber in warmem Ton, dass der Junge – der Bueb – neben dem Vater nachts auf dem Fuhrwerk – gleichsam Feuer fängt und mit dem Vater zusammen die Vernichtung forterzählt:

Es goht e Wächter us um Mitternacht,
e fremde Ma, me weiß nit, wer er isch,
er funklet, wie ne Stern, und rüeft: »Wacht
                                          auf!
Wacht auf, es kommt der Tag!« — Drob
                                          röthet si
der Himmel, und es dundert überal,
z' erst heimli, alsgmach lut, wie sellemol
wo Anno Sechsenünzgi der Franzos
so uding gschoße het. Der Bode wankt,
aß d' Chilch-Thürn guge; d' Glocke schlagen a,
und lüte selber Bet-Zit wit und breit,
und alles betet. Drüber chunnt der Tag;
o, bhütis Gott, me brucht ke Sunn derzu,
der Himmel stoht im Blitz, und d' Welt im
                                          Glast.
Druf gschieht no viel, i ha iez nit der Zit;
und endli zündets a, und brennt und brennt,
wo Boden isch, und niemes löscht; es glumst

zlezt selber ab. Wie meinsch, siehts us derno?
                                Der Bub seit:
O Ätti, sag mer nüt me! Zwor wie gohts
de Lüte denn, wenn alles brennt und brennt?
                                Der Ätti seit:
Närsch, d' Lüt sin nümme do, wenns brennt,
                                sie sin –
wo sin sie?

Marie Luise Kaschnitz empörte sich gegen die Belastung des Kindes durch diesen Bericht von Vergänglichkeit, Feuer, Tod und Vernichtung des Menschen. Das war seit dem Dreißigjährigen Krieg gewöhnlicher Inhalt von Weltwissen, Bildung, Vision. *So etwas erzählt man doch seinem Kinde nicht*, sagte sie in einer Rede, *Grund genug, sich an dem Pädagogen und Prälaten Johann Peter Hebel zu ärgern.*
An dieser Stelle zeigte sich die Dichterin als *dame démodée.*
Die Kinder dieser Welt hab ich gesehen. Sie schrieb keine Heile Welt, und forderte keine. Sie wünschte Leidlosigkeit für Kin-

der und Kindheit, rückblickend auch für sich selbst, o für sich selbst. *Leidlosigkeit*, ein Wort, das ich ihr schenke, ich fand es nirgends in ihrem Werk. Was übrig bleibt für die Zukunft sind die Kinder. Sie sind die einzige Utopie.

noch durch die Hintertür, durch deren Glasscheibe man die vielen Kinderstiefelchen sehen kann, die dort gleich beim Hereinkommen ausgezogen werden müssen, die vielleicht den Kindern des Herrn Matern gehören, vielleicht aber auch schon den Kindern dieser Kinder, oder den Kindern ganz fremder Leute
eben weil man das nicht weiß, weil man nichts weiß, alles nur von außen

Wer auf dem Land lebt, nimmt seine Gäste deutlich wahr. Leute vom Land, Kollegen, Nachbarn, sind auf gewohnte Weise da, kommen und gehen und stören nicht. Besucher aus den Städten bringen Unruhe mit, laden Probleme ab und Ansichtssachen und schwärmen für die Natur. Sie erkennen nicht die Zusammenhänge einer Landwirtschaft im Hochwald, eines Weilers im Tiefland, wissen nichts und brauchen nichts zu wissen von der Arbeit im Weinberg, der Ernte und ihrem Preis. Mein Besuch im Schloss war keine Landpartie, sondern – das fand sie bald heraus – der Besuch eines Nachbarn aus der Welt. Aber es ist ein Unterschied, ob man, von Park und Mauer geschützt, ein schönes Schloss im Weinland bewohnt oder ein Dachzimmer beim Herrn Vogeler gemietet und auf dem Balkon seine Werkstatt hat.

Einmal mehr war ich zur Teezeit da, an einem Hochsommertag in starker Hitze. Sie war mit ihrer Tochter allein am Gar-

tentisch unter hohen Bäumen. Ich kannte das, es war mir fast vertraut, aber etwas stimmte nicht. Die Frauen sprachen halblaut, mit gesenkten Gesichtern, und schwiegen. Für ein Gespräch schien kein Anlass vorhanden. Ich fragte, ob ich störe – nein, keineswegs, das sei es nicht. Marie Luise Kaschnitz stand umständlich auf, erhob sich schwer, und ich sah, dass sie kaum in der Lage war, ein paar Schritte zu machen, sie hielt sich an Stuhl und Tischkante fest – Hüftknochenleiden, ein furchtbarer Schmerz, im Herbst stand die erste Operation bevor.
Sie verfügte über die Fähigkeit, was unfroh, freudlos in ihr war, mit düsterem Nachdruck in den Raum zu stellen.
Und nun habe sie die Teilnahme an einem literarischen Quiz des Fernsehns in München zugesagt. Das sei in acht Tagen, sie müsse hin und frage sich, wie das in ihrem Zustand gemacht werden könne. Eine Reise allein sei nicht möglich, Iris werde sie begleiten. Wie sie in den Zug

klettern, überhaupt auf das Podium hinauf kommen solle, sei nur eine Frage neben vielen. Und alle die Treppen, die unbequemen Stühle, die engen Sessel. Eine Krücke brauche sie auch.

Die Frauen starrten mich an, düster wie Parzen.

Ich sagte, vermutlich ganz unbekümmert: Sagen Sie doch ab. Was ist denn ein literarisches Quiz. Eine Wochenendsendung mit Conférencier und Musikeinlage, ein Unterhaltungswert. Sie bringen niemanden in Verlegenheit, wenn Sie absagen. Sie sind, wie jeder Teilnehmer, ersetzbar. An einen Ersatz für Sie, wie für jeden andern, ist längst gedacht. Für eine Absage ist es nicht zu spät. Sagen Sie ab.

Furchtbare Stille senkte sich auf den Tisch, auf Mutter und Tochter und auch auf mich. Der Sommer rückte von uns ab, die Zeit setzte aus. Was war hier geschehn. Welchen Fauxpas hatte ich mir erlaubt.

Ich hatte den Fehler gemacht, die Dichterin für austauschbar zu erklären, wenngleich nur im Quiz eines Fernsehns. Unverzeihlich. Zu der Zeit war Fernsehn noch nicht alt geworden, Marie Luise Kaschnitz war fasziniert. Es konnte sein, dort standen ihr – und dem *Amt des Dichters*, das sie in Anspruch nahm – unerhörte Wirkungen bevor. Undenkbar, sich dieser Verantwortung zu entziehen.

Teilnahme an einem Quiz ist nicht eine Frage von Verantwortung. Ich erinnere mich, diesen Satz gesagt zu haben, aber kaum betont und mit anderen Worten.

Die Stille bestand aus Schweigen und hielt an, verfinsterte die Anwesenden und nahm kein Ende. Den Gedanken, ersetzbar, austauschbar zu sein, schien die Dame noch nicht gedacht zu haben, so wenig wie ihre Tochter. In ihrer Gegenwart nie ausgesprochen.

Verantwortung jeder Art und Abart war dauernde Diskussion nach dem Zweiten Weltkrieg. Sie wurde vor allem den Schriftstellern zudiktiert, von Leuten, die keine Schriftsteller waren.

Nach langem, immer längerem Schweigen ging ein Ruck durch die Zusammengesunkene. Sie saß aufrecht und sagte mit fester Stimme: Sie haben natürlich völlig recht. Iris, sei so lieb, lauf zum Telefon, sag dem Herrn Redakteur, wir können nicht kommen. Sei freundlich, erklär ihm den Grund, entschuldige uns.
Iris lief übern Kiesplatz in das Schloss, erschien nach ein paar Minuten im Portal und rief herüber: Alles gut! Alles gut! Am Tisch erzählte sie ausführlich vom Telefongespräch und dass es ganz einfach gewesen sei; dass der Herr Redakteur Gute Besserung wünsche, eine Ersatzperson sei schon da, man solle sich keine Sorgen machen, undsoweiter.
Der Tee war kalt geworden. Der leuchtende warme Spätsommer war wieder da mit Vogellauten und Bienen. Erleichterung. Der Hüftschmerz schien vergessen. Die Frauen freuten sich und lachten wieder. Kostbare Sorglosigkeit.

Unsere Abendwege in die Villa Borghese, unsere Ausflüge nach Tivoli, Palestrina oder an den noch ganz menschenleeren Strand.
Vom Kaminzimmer der nahe Blick auf die Höfe, die kleinen Terrassen, Balkone, darüber der grüne Himmel der Piazza del Popolo, im kleinen Ostfenster die Loggia von Santa Cecilia, wo die Trompeter üben. Sonne vom Morgen bis zum Nachmittag in den beiden Straßenzimmern –

qui non si muore mai. Stadt ihres Lebens und ihres Todes. Ich war von einer Reise aus Rom zurückgekommen und besuchte sie im Schloss. Sie setzte sich im Kanapee zurecht. Erzählen Sie! Waren Sie in der Villa Borghese? Ach, im Manzini waren Sie auch! Wen haben Sie getroffen –
Ich nannte ein paar Namen, beschrieb ein paar Menschen, die sie nicht kannte. Aber den Dottore Emilio kannte sie gut und schien ihn zu mögen. Wie ging es ihm. Wie sah er aus.
Gut sah er aus, im hellen Sommermantel, mit offenem Kragen –

Offener Kragen? Das kann nicht Emilio gewesen sein.
Der Hemdkragen war offen.
Emilio trägt immer Schlips. Ich habe ihn nie ohne Schlips gesehen.
Ich wiederholte: Er trug keinen Schlips.
Keinen Schlips?
Nein, der Hemdkragen war offen.
Sie rief nach einem Verwandten im Haus und stellte die Frage: ob er sich erinnern könne, den Dottore Emilio je ohne Schlips gesehen zu haben. Er trug doch grundsätzlich einen Schlips!
Der minutenlang im Raum Vorhandene bestätigte, dass der Dottore immer einen Schlips getragen habe.
Sehen Sie! Wer weiß, wen Sie da getroffen haben.
Ich sagte noch einmal, dass der, den ich getroffen hatte, der Dottore Emilio gewesen sei, der aber, vielleicht nur an diesem Tag, keinen Schlips getragen habe.
Zunehmendes Unverständnis. Entgeisterung. Warum erzählen Sie das.

Die Unterhaltung hätte belustigt als Comic enden, in Übermut sich überschlagen können, aber die Heiterkeit blieb aus. Ich gab mir Mühe, munter zu sein, Marie Luise Kaschnitz wollte nicht. Umständlichkeit des Teetrinkens. Von Rom wurde nicht mehr gesprochen.

Sie war, als ich sie kennen lernte, keine Dichterin, Autorin und keine Person, um die ich mir Gedanken machte. Nichts Erotisches ging von ihr aus oder erreichte mich. Sie gehörte in Kreise von Kunst und Gesellschaft, die mir nichts bedeuteten, war hoch geehrt durch Preise und Mitgliedschaften, die sie für mich in kühle Entfernung rückten. Mich ging an, was sie schrieb und was man früher mal *Künstlertum* nannte, also die Art und Weise, wie ein Mensch das macht – mit sich selbst, seiner Arbeit und seiner Zeit. In Rom, im Apartment Ingrid Bachérs, das mir leicht, hell, heiter in Erinnerung bleibt, saß Marie Luise Kaschnitz zwischen anderen Besuchern, leicht vorgebeugt, den Ellenbogen aufs übergelegte Knie gestützt, wie Walther von der Vogelweide das um 1200 im Gedicht gestaltet hatte:

ich saz ûf eime steine
und dahte bein mit beine:

dar ûf satzt ich den ellenbogen:
ich hete in mîne hant gesmogen
daz kinne und ein mîn wange.

(Ich saß auf einem Steine:
Da deckt ich Bein mit Beine,
darauf der Ellenbogen stand;
Es schmiegte sich in meine Hand
Das Kinn und eine Wange.)

Schwer erscheinende, vielleicht erschöpfte Gestalt, und hörte einem Gespräch über Ingeborg Bachmann zu, die in Rom lebte und dort sehr bekannt war. Gespräch und Gerede über sie waren üblich und verloren sich gewöhnlich in Anzüglichkeit. Marie Luise Kaschnitz sagte den einen Satz: Ingeborg Bachmann ist ein Mythos.

Der Satz erschien monumental, er stellte etwas Abschließendes dar und beendete das Gespräch. Ich war froh, dass es beendet war und behielt ein paar Fragen zurück, da sie, wie mir schien, von den Besuchern im Raum nicht beantwortet werden konnten; weil ich nicht wollte, dass sie sich ihrer bemächtigten. Marie Luise Kaschnitz schien auf ähnliche Weise überlegt zu haben. Mit der Lyrik Ingeborg Bachmanns blieb ich lieber allein.

Spaziergänge der Siebzigerjahre mit Peter Huchel, in Sulzburg, Sankt Ulrich, Bollschweil und Staufen. Wovon sprachen sie. Huchel zurückhaltend von der DDR, den *Spitzeln und Schweinen*. Sie werden sich in Ruhe gelassen haben. Die Fragende wird die Kaschnitz gewesen sein. Gespräche ohne Aufwand, Beiläufigkeit der Auskünfte aus sehr verschiedenen Leben. Zwei Dichter am Ausgang ihrer Biografie, beide überzeugt, in verstummender Weise, dass Erfahrung nicht weitervermittelt werden kann.

Sie wussten voneinander seit Mitte der Dreißigerjahre, als sie, Seite an Seite, frühe Gedichte in Anthologien, Jahrbüchern, Berliner Almanachen veröffentlicht hatten. Peter Huchel machte diese Spaziergänge gern und erwähnte sie mit stiller Verwunderung. Beide liebten Jahrzeit und Landschaft, waren auf sie angewiesen, suchten und fanden Gewissheit darin. *Herbst und die dämmernden Sonnen im Nebel / Und nachts am Himmel ein*

Feuerbild. Peter Huchels erstaunliche, stille Fähigkeit, sich atmosphärisch auszudrücken, in Andeutung, zögernd, und damit deutlich und glaubhaft etwas zu sagen. Er erwähnte einen Besuch am Grab Georg Trakls, dessen Werk und Gestalt ihm vertraut waren, und fügte hinzu, halblaut, langsam: *und dann der Föhn da oben, der starke Föhn, der Blick ins Blaue.* Mit den wenigen Sätzen hatte er mir viel von sich und von Trakl erzählt. Marie Luise Kaschnitz konnte Sätze dieser Art, und wie sie gesprochen wurden, auffangen, festhalten, sich ohne Antwort zu eigen machen.

Wolfgang Hildesheimer berichtet in einem Brief vom Besuch Paul Celans in seinem Haus in Poschiavo. Er erinnerte sich, einen Tag mit ihm zusammen verbracht zu haben, aber nicht, was unternommen wurde und was sie sprachen. Zwei Juden, schrieb er ungefähr, in der Genugtuung ihres Zusammenseins.

Etwas in dieser Weise bei Kaschnitz und

Huchel. Zwei alte Dichter in der Genugtuung ihres Zusammenseins. *Le moment donné.*

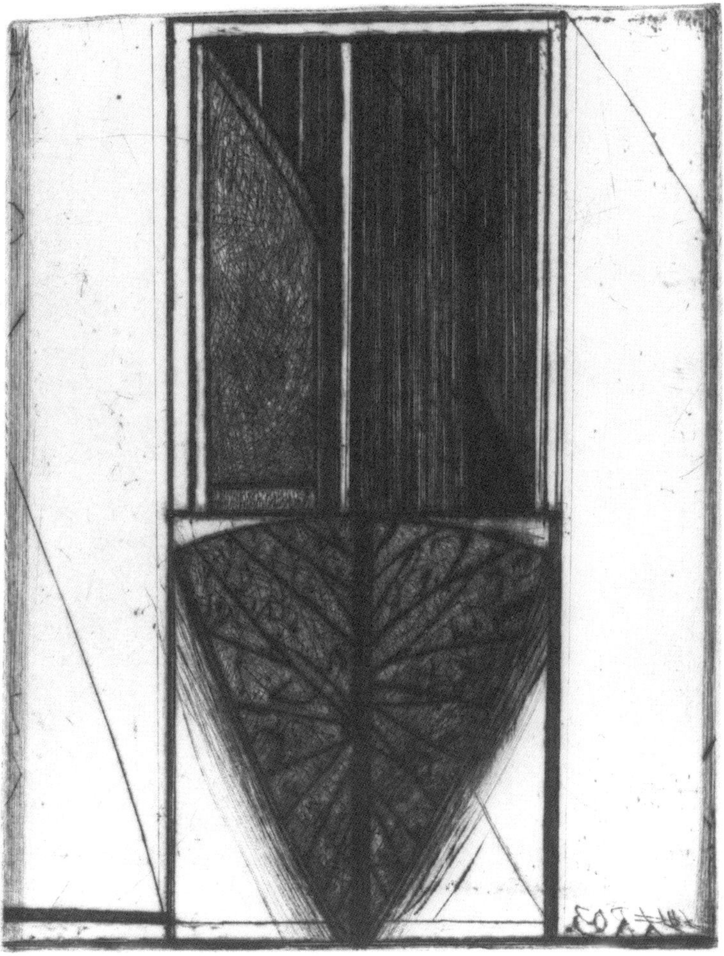

Man wusste etwas von der Dame Kaschnitz, vom privaten Menschen erfuhr man nur, was in Prosa und Versen gestaltet war, zwischen den Zeilen entziffert werden konnte. Andauernde Diskretion, privat wie öffentlich, war in ihr und um sie und war Substanz, *Contenance* notwendig im Handwerk ihres Daseins. Mit Sympathie und Hochachtung stellte ich fest, beim ersten Besuch im Schloss und danach immer wieder, dass sie nie Konversation zu machen versuchte. Man kann voraussetzen, dass sie, allein aus der Herkunft, dieses Kunsthandwerk beherrschte, Tonart und Regeln kannte und zu gebrauchen wusste, wenn sonst nichts zu machen war. Mich verschonte sie damit. *Nett sein ist alles, der Rest ödet an* – ich zitierte ihr diese Gedichtzeile Audens, und sie lächelte ohne Vergnügen. Während ich mit ihr sprach und sie mit mir, stellte ich fest, dass ich mich in einem Gespräch befand, das wirklich eines war, ohne anberaumt, beabsichtigt, unternommen worden zu sein. Zur Kunst ihres Gesprächs gehörte, dass sie Fragen stellte, aufmerksam zuhörte und gern vorgelesen bekam, am liebsten Gedichte und Prosa, die sie nicht kannte. Es gefiel ihr, wenn eine Prosa Handlung enthielt, Gestalten erkennbar machte, sie sprach dann davon wie aus eigenem Erinnern. Die Rituale des Besuchs im Schloss wiederholten sich. Wenn ich sie besuchte, hatte ich Prosa und Verse dabei und bald die Scheu vor privatem Lesen verloren. Vorlesen für einen einzelnen Menschen, der in diesem Fall eine Dichterin war, konnte, das erfuhr ich durch sie, überraschende Chance und profundes Vergnügen sein.

Das erste Gedicht, das ich auf ihren Wunsch hin vorlas, hatte den Titel *Todesengel*:

Am Abend holt Azrael die Flügel aus dem Wacholder und geht zu den Familien am Fluss Chelele, und weiter, wo die Landkarten enden im Wind.

Moschus und Schierling verstreuend aus löchriger Tasche, und Fetzen Rauschgold von abgestiegner Länder und Meere Weihnacht, staubige Disteln.

Sein Messer schlägt gegen die Tore am dämmrigen Weg, dass auch ich aufblicke von Brot und Versen und Azraels Namen erinnere.

Sein Weg aber führt am Grab des Fetten Weibes vorüber, das der Kirschbaum umklammert mit harziger Wurzel, und am Winterhaus des englischen Generals.

Spät, wenn Reim und Verse zischen im Wein und die Motte zerschlägt den Kopf am verschatteten Fenster

kommt Azrael zurück vom Fluss Chelele, und aus Gegenden ödweise jenseits der Dichtung.

Seine Faust schleift Jemandes Leichnam im zerrissenen Mantel, und wo sein Schritt geht, rücken die Steine zusammen, und von den Menschen zeigt sich nicht Laut noch Schatten.

Er aber weiß, dass meine Strophen, begonnen am Tag, seinen nächtlichen Gang bedenken.

Im Morgengrauen, Azrael, wenn der Tag in Gras und Mohn sich kleidet, finde ich Tropfen Blut im Sand vor dem Fenster

und lagere sie zwischen Sätzen, begonnener

Rede, den Rosenkränzen der Schwarzen Messe, den Lebensliedern,

denn das Blut der Toten klebt meine Wörter zusammen, und der Wacholder, das Haus, wo dein Flügel und Werkzeug hängt,

ist in die Dichtung gepflanzt wie der Fels und die Sonne und wird gebracht zum Singen gegen dich

solange ich lebe, deine nächtlichen Schritte höre, und finde Blut vor dem Fenster.

Nach der Lesung saß sie mir einen langen Augenblick stumm gegenüber und fragte dann: Warum dieses Gedicht.

Ich sagte: Die Langzeile ist neu für mich. *Architektur & Strömung* des großen rausfahrenden, weitfliegenden Gedichts – ich drückte mich weniger zusammenhängend, aber nicht weniger entschieden aus –, das soll mein Gedicht sein.

Und sie: Welche Landschaft haben Sie sich beim Schreiben vorgestellt.

Ich sagte: Keine vorhandene, nichts aus bekannter oder unerforschter Geografie.

Ich wollte nicht eine Landschaft nachzeichnen, in Sätzen reproduzieren, sondern eine erschaffen, die es bisher nicht gab.

Sie schwieg wieder eine Weile, dann sagte sie, mit ernstem Blick, den ich nie vergaß: Sie haben sich viel vorgenommen.

Solche Momente des Gesprächs kamen immer wieder, wichtiger für mich als für sie, aber für sie vielleicht nicht ganz ohne Reiz. Es war nicht immer ihr Wortlaut, der mich berührte, forderte, ihr zu widersprechen Anlass gab. Es konnte ihr lautloses Zuhören sein, die *lebendige Schwermut* ihrer Gegenwart, das Unangreifbare darin, die Glaubwürdigkeit.

Nach dem Tod ihres Mannes war ich einmal enttäuscht. Es erschien Prosa, *Wohin denn ich*, die mir als Indiskretion erscheinen musste, Indiskretion gegen sich selbst, den andern belastend; Klage, Zerbrochenheit, schleifende Raserei – bis ich begriff, dass dies ihre Chance und die einzige *fortune* ihrer Sprache war. Nichts anderes möglich. Die Dame existierte nicht mehr, sie kam vielleicht nie wieder ins Schloss zurück. Das alles war keine Indiskretion. Es war die Vernichtung von Diskretion, *Contenance,* Schluss mit der eingeübten Vernünftigkeit. In der Niederauffahrt ihrer Existenz und ihrer Arbeit sah das danach ganz anders aus. *Wieviel kostbare Zeit vertan / an den Strohkönig Tod.*

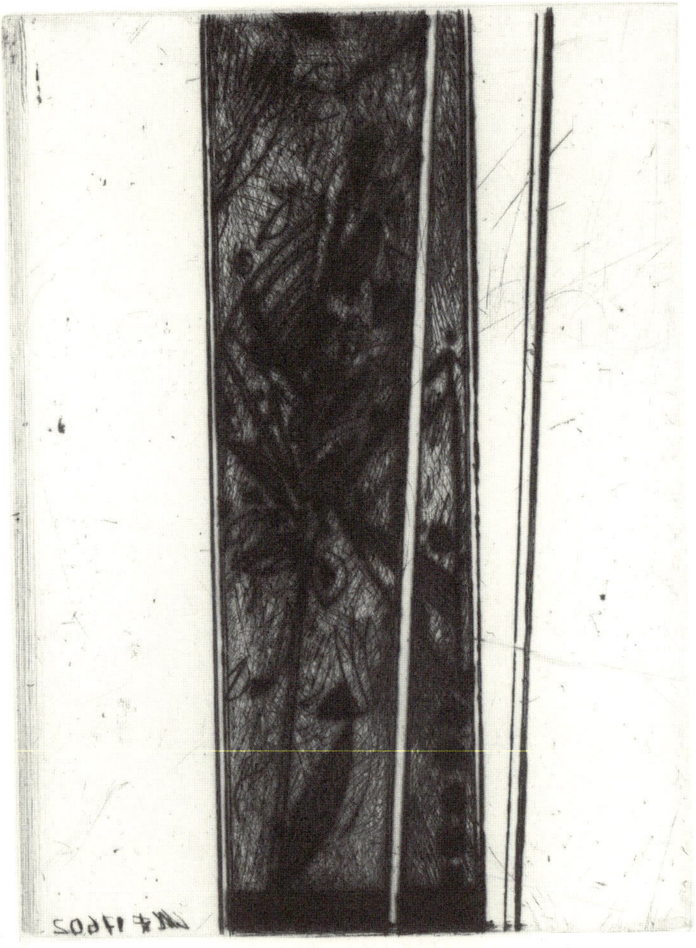

Einmal wurde über Namen gesprochen, und sie fragte mich, welcher Name mein Wunschname sei. Ich hatte keinen, nannte aber Namen von Figuren, die ich geschrieben und gezeichnet hatte: Jul Miller, der rastlos Reisende, Moêl, Bobosch, Rubim und Ucht. Die Namen gefielen ihr ungemein – am wenigsten gefiel ihr der Name Ucht –, und ich beschrieb ihr die Figuren, zitierte Sätze aus eigener Prosa. Sie amüsierte sich beim Aussprechen und Probieren seltsamer, befremdlicher, schöner Namen, ihres Klangs, ihrer Aura. Sie sagte: Es gibt zu viele halbwahre, unglaubwürdige Namen, vor allem im Roman, und fügte hinzu: Wissen Sie, wer diesen Namen trug – *Eiram Esiul nov Gnizloh*. Wer könnte so geheißen haben. Ich kam nicht darauf. Es war die Umkehrung ihres Mädchennamens Marie Luise von Holzing. Ihr Vergnügen, mich überrascht und verblüfft zu haben. Sie fragte, ob auch mir dieses Spiel – sie bezeichnete es als *notwendiges Spiel* – aus der Kindheit bekannt sei: Namenumdrehn. Es war mir bekannt, und ich erinnerte mich, dass der eigene Name, umgekehrt, sehr hässlich klang. Wir zitierten Fellinis Zauberformel *asa nisi masa*, aber das war kein Name. Becketts Vladimir und Estragon fand sie genial. Wir probierten bekannte und unbekannte, nahe und ferne Namen aus. Die ihr liebsten, sie notierte sie, waren die Namen zweier Heiliger und eines beinahe heiligen Malers: *Znarf nov Isissa* und *Asereht* – Franz von Assisi und Theresa. Fra Angelico war *Arf Ocilegna*. Genugtuung, dass der Beato Angelico so einen schönen Spiegelnamen hat.

Das war in Rom, in einer Wohnung, deren Inhalt, Licht und Dunkel ich völlig vergaß.

Notwendiges Spiel der Zauberformeln.

Letzter Besuch bei ihr im Schloss, aber das konnte ich nicht wissen. Nachmittag eines regenwasserdunklen, alten Frühjahrstags, wie ich glaube im Jahr ihres Todes. Sie saß aufrecht im Kanapee ihrer Suite, und ich sah, dass sie alt war. Das nicht bestimmbare, unabsehbar lange Zeitalter des Älterwerdens war, schien mir, in der Zwischenzeit zu Ende gegangen. Gesichtshaut und Hände hatten eine immer mehr weißliche Färbung angenommen. Die weißliche Färbung war kein Weiß. Im Weiß verborgen erschien ein lebloses Grau, das in Falten und Mundwinkeln dunkel war. Sie blickte durch zwei schön gefasste, alte Fenster über die nahe Parkmauer zu den Vorbergen des Schwarzwalds, Richtung Langeneck und Kohlerhöfe, in Nässeschauern unsichtbar. Durchschimmernde Finsternis der Tannenhänge. Der schwere, dunkle Tag schien ihr zu behagen, das Wetter war draußen und erreichte sie nicht. Als ich ins Haus kam, fragte sie, ob der Tag so kalt sei, wie er erscheine, sie sei heute nicht draußen gewesen. Sie schien ermattet, wirkte unfroh, zerstreut, belastet. Ihr kleines Notizbuch lag aufgeschlagen in Reichweite. Sie sagte: Finden Sie meine Gedichte auch so sentimental? Ach, Sie brauchen nicht zu antworten. Sie lese und höre immer wieder, ihre Lyrik sei sentimental. Und diese Naturschwärmerei! Bürgerlich. Sie sind kein nüchterner Mensch, aber was ich geschrieben habe, kann doch für Sie nur zweifelhaft sein.

Ein paar Augenblicke saß ich ihr in Verlegenheit gegenüber und konnte nichts sagen. Ihr zu antworten war unumgänglich. Ich hatte ihre Prosa, ihre Gedichte als hell oder schwer von Gefühl, aber nie als sentimental aufgefasst, das sagte ich ihr. Wir sprachen davon, dass es kluge Leute gibt – Akademiker, kulturelle Flottgeister, Autoren –, die zwischen Gefühl und Sentimentalität keinen Unterschied machten, wir nannten keine Namen. Ich verteidigte das Wort *sentiment* mit dem Hinweis auf Song und Chanson und zitierte Georg von der Vring, dessen Lieder sie kannte, sie gefielen ihr nicht.

Nacht ohne dich.
Wer wird mein Herz bewahren?
Der Mond erblich.
Die Vogelwolken fahren.
Vorüberstrich
Ein Schwarm von schwarzen Jahren.

Wir zitierten Verlaine, Peter Gan und Prévert, und ich glaubte zu sehen, dass gemeinsames Überlegen ihr etwas Raum in den Zweifeln verschaffte. Unterschied oder Gegensatz der Generationen war, was Emotion und Gefühl und ihre Gestaltung in Sprache betraf, eine Tatsache, die ihr entgangen sein konnte, denn man weiß von den Älteren viel, von den Jüngeren wenig. Ich erzählte ihr, dass *Wörter mit Ofenwärme* scharfe Kritik und Spott und Hohn provozierten; dass moderne Literatur als *im Labor gemachte* betrachtet werde; dass von *Kühlhaus* und *lyrischer Kältetechnik* die Rede sei. Gedichte, hieß es, sind herstellbar, und *creative writing* war weltweit im Programm. Ich erwähnte Johannes Bobrowski und seinen Satz: *Gedichte sind herstellbar? Nu, wenn sie herstellbar sind!* Da wollte sie von Bobrowski erzählt bekommen.

Später sprach ich vom Unzumutbaren des Trostes in der Literatur, dass Trost vielleicht brauchbar sei für den, der ihn schreibe, aber nicht für den Leser. Ich lehnte alles, was Trost und Tröstung war, ab und zitierte eine eigene Zeile: *Der Abstieg der Ungetrösteten ist ihm gewiss.* Es erscheine mir besser, Medikamente zu verweigern, um den Zustand von Krankheit und Schmerz genau zu erfahren. Ich wusste oder ahnte, dass ich an dieser Stelle etwas übermütig geworden war. Trost war von früh an für mich etwas Falsches, Fatales, Zudringlich-Christliches, Lebenslüge, Surrogat, unzumutbar für jeden wie für mich selbst. Aber da hatte ich mich getäuscht. Trost war willkommen für beinahe jeden, notwendig und gern in Anspruch genommen, vermittelt von Religion, Musik, Poesie – meine Ablehnung von Tröstung und Trost war heftig, zu offensiv für sie, ihre Erfahrung und Arbeit. Sie schwieg, sagte danach nicht viel, ich behielt den Satz: *Warum Tröstung zurückweisen.*

Der still gesprochene Satz nahm mich mehr für sie ein als ihre stärkste Prosa. Sie wusste, was sie sagte, aus der Niederauffahrt ihrer Jahrzehnte und ihres Schmerzes – *of course, all life is a process of breaking down* –, ich wusste, was ich sagte, aus unverbrauchter Revolte.

Kein Zauberspruch
Keine Geste
Worte einmal aufgeschrieben
Will ich meinem
Text einfügen

In dem, was an diesem Abend in ihr und in mir, dem willkommenen Gast, entgegenstimmte, zusammenstimmte, muss etwas Antwortloses gewesen sein, das aus unvergleichbarem Dasein kam und verschiedenem Alter, aber leben und atmen ließ und den Unterschied festhielt. Der helle Respekt für Marie Luise Kaschnitz, die für mich schon lang keine Dame mehr war, hatte sich in Gewissheit für sie verwandelt – welcher Art?
Den Satz, der an die Stelle gehört, habe ich noch nicht geschrieben.

Eiram Esiul nov Gnizloh

Leimbach bei Bollschweil, Januar/Februar 2008

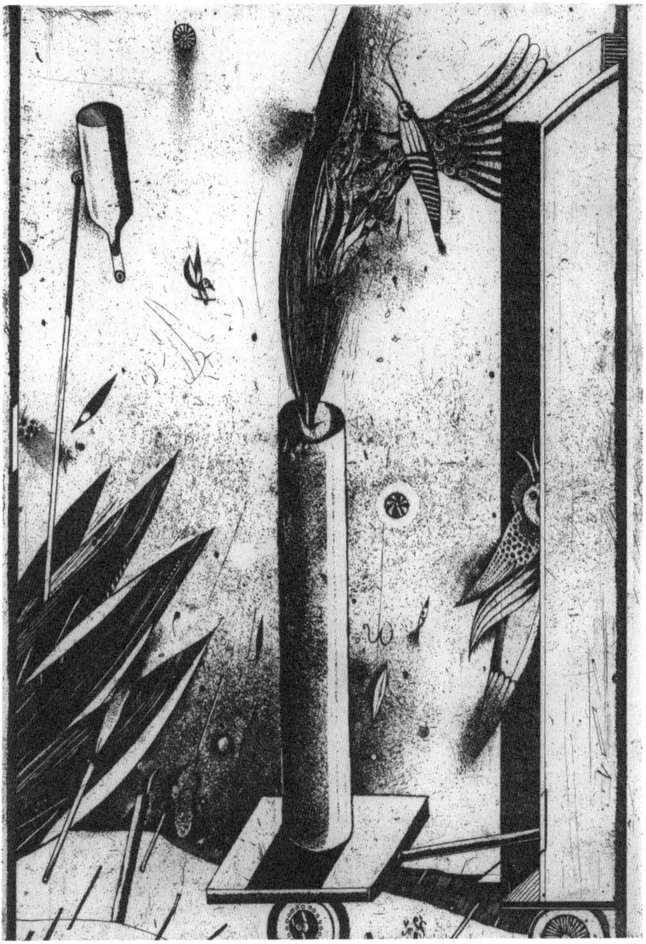

Bernadette Conrad
Nomaden im Herzen
Literarische Reportagen
144 S., Broschur • ISBN 978-3-905707-08-3

Yasmina Reza
Picknick mit Lulu Kreutz
Ein Spiel um Musik, Erinnerung und Liebe
Aus dem Französischen
von Frank Heibert und Hinrich Schmidt-Henkel
120 S., gebunden • ISBN 978-3-905707-18-2

Jiří Weil
Sechs Tiger in Basel
Erzählungen. Übersetzt von Bettina Kaibach
Ausgewählt von Urs Heftrich und Bettina Kaibach
224 S., gebunden • ISBN 978-3-905707-16-8

Angelika Overath
Händler der verlorenen Farben
Wahre Geschichten
176 S., Broschur • ISBN 978-3-909081-11-0

Katrin Seebacher
Morgen oder Abend
Roman
316 Seiten, Leinen • ISBN 978-3-909081-76-9

Ilse Helbich
Schwalbenschrift
Ein Leben von Wien aus. Roman
240 S., gebunden • ISBN 978-3-909081-96-7

Wir würden Sie gern noch an hundert andere
unverwechselbare Bücher erinnern.
Wollen Sie nun noch einen Prospekt
jenseits unserer Homepage?
www.libelle.ch

Libelle • Postfach 100524 • 78405 Konstanz

Nachtrag der Verlegerei,
Klassikerzitate und das intertextuelle Vergnügen betreffend.

Die Texte, die in Christoph Meckels Begegnungen mit Marie Luise Kaschnitz zum Anlass für Gespräche wurden und dann zu Marksteinen der Erinnerung, haben wir in neueren Druckfassungen zitiert – sie in ihre Kontexten nachzulesen, lohnt sich.

Einem Dichter, wenn er ein so weit erfahrener Leser ist wie CM, fließen aber viele Zitaterinnerungen zu. Der Versuchung, die en passant antönenden Sätze nachzuweisen, musste widerstanden werden. Auch Rätselworte, wir haben es gerade gelesen *(s. o. S. 53f.)*, haben ihren Reiz ...

Vater Feuerwerker (S. 7)
Marie Luise Kaschnitz, Gesammelte Werke. Herausgegeben von Christian Büttrich und Norbert Miller, (= MLK), Insel Verlag 1985, Fünfter Band, Die Gedichte, S. 564

oder den Weg rechts (S. 17)
Beschreibung eines Dorfes, in: MLK, Insel Verlag 1981, Zweiter Band,
Die autobiographische Prosa I, S. 577

An einem Vormittag (S. 22)
Orte, in: MLK, Insel Verlag 1982, Dritter Band, Die autobiographische Prosa II, S. 428

Wir waren tot und konnten atmen (S. 22)
Rede auf den Preisträger Paul Celan, Georg-Büchner-Preis, in: MLK, Siebter Band,
Die essayistische Prosa, Insel Verlag 1989, S. 349

Einen Brunnen gegraben (S. 23)
Die Gärten, in: MLK, Insel Verlag 1985, Fünfter Band, Die Gedichte, S. 437

Sie gingen eins hierhin (S. 25)
Aus: Die Kinder dieser Welt, MLK, Insel Verlag 1985, Fünfter Band, Die Gedichte, S. 256

Es goht e Wächter us (S. 26f.)
Hebels Text folgt – mit geringfügigen Emendationen – dem Druck in der ersten Ausgabe der »Allemannischen Gedichte« 1803. (Mit Dank an Adrian Braunbehrens für die Vorausmittelung dieser Fassung, die im Rahmen eines größeren Druckwerks erscheinen wird.)

noch durch die Hintertür (S. 28)
Beschreibung eines Dorfes, in: MLK, Insel Verlag 1981, Zweiter Band,
Die autobiographische Prosa I, S. 584

Unsere Abendwege (S. 36)
Orte, in: MLK, Insel Verlag 1982, Dritter Band, Die autobiographische Prosa II, S. 451, 437

Ich saß auf einem Steine (S. 40)
Übersetzung von Karl Simrock, in: Lyrik des Abendlands, Carl Hanser Verlag 1953

Nacht ohne dich (S. 57)
Georg von der Vring, Die Gedichte. Mit einem Nachwort von Christoph Meckel.
Hrsg. von Christiane Peter und Kristian Wachinger, Langewiesche-Brandt 1989, S. 357

Kein Zauberspruch (S. 59)
Aus: Kein Zauberspruch, MLK, Insel Verlag 1985, Fünfter Band, Die Gedichte, S. 465

Die Seiten 11–16 folgen einem Text, der erstmals erschien in: Der Reiz der Wörter.
Eine Anthologie zum 150jährigen Bestehen des Reclam-Verlags, Reclam 1978.
Christoph Meckels »Todesengel« (S. 47–49); frühere Fassung in:
Christoph Meckel, Bei Lebzeiten zu singen, Gedichte, Wagenbach 1967.

Buchgestaltung: PhloxArt

Gedruckt und gebunden bei Pustet in Regensburg
im August 2008.

ISBN 978-3-905707-20-5

© 2008 Libelle Verlag

Alle Rechte vorbehalten.